Impressum
Verlag: BABADADA GmbH, Nedderfeld 112 , 22529 Hamburg
Geschäftsführer / Verlagsleitung: Harald Hof
Druck: Books on Demand GmbH, In de Tarpen 42, 22848 Norderstedt

Imprint
Publisher: BABADADA GmbH, Nedderfeld 112 , 22529 Hamburg, Germany
Managing Director / Publishing direction: Harald Hof
Print: Books on Demand GmbH, In de Tarpen 42, 22848 Norderstedt

skóli

colegio

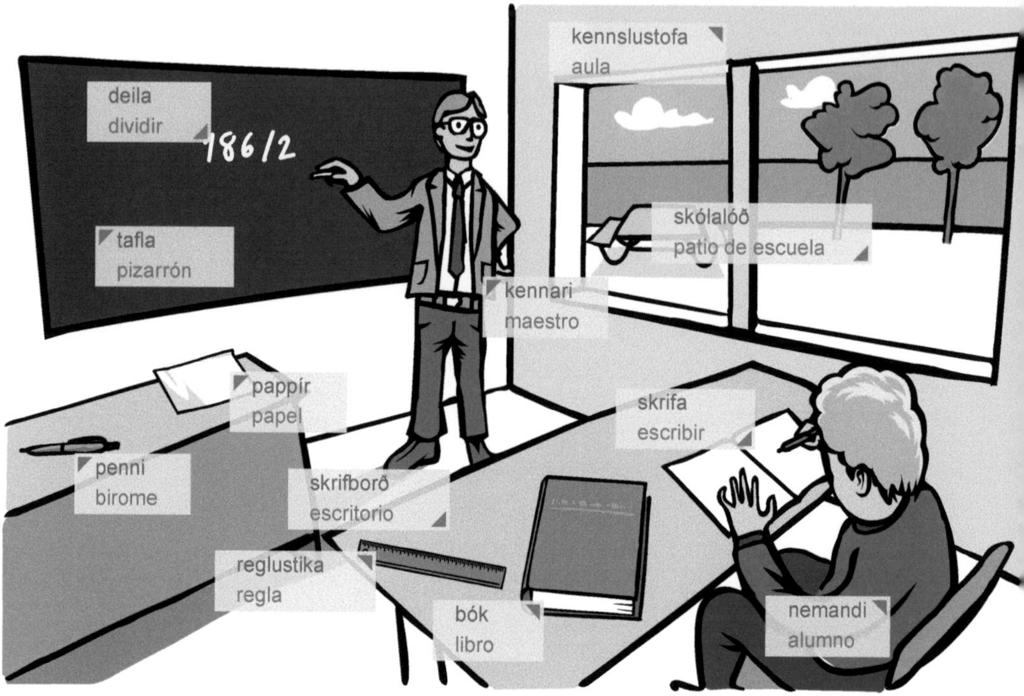

kennslustofa
aula
deila
dividir
186/2
tafla
pizarrón
skólalóð
patio de escuela
kennari
maestro
pappír
papel
skrifa
escribir
penni
birome
skrifborð
escritorio
reglustika
regla
bók
libro
nemandi
alumno

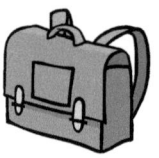

skólataska

mochila

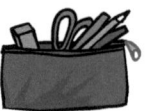

pennaveski

caja de lápices

blýantur

lápiz

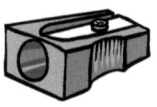

yddari

sacapuntas

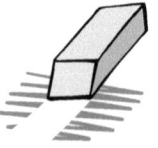

strokleður

goma (de borrar)

teikniblað

bloc de dibujo

teikning
dibujo

pensill
pincel

litakassi
caja de pinturas

skæri
tijera

lím
pegamento

æfingabók
cuaderno de ejercicios

heimavinna
tarea

númer
número

leggja saman
sumar

draga frá
restar

margfalda
multiplicar

reikna
calcular

bréf
letra

stafróf
abecedario

orð
palabra

texti
texto

lesa
leer

krít
tiza

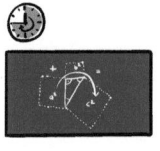

kennslustund
lección

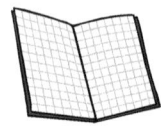

kladdi
cuaderno de clase

próf
examen

vottorð
certificado

skólabúningur
uniforme escolar

menntun
educación

alfræðirit
enciclopedia

háskóli
universidad

smásjá
microscopio

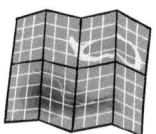

kort
mapa

ruslakarfa
tacho (de basura)

skóli - colegio

hótel
hotel

Grand

farfuglaheimili
hostel

gjaldeyrisskipti
casa de cambio

ferðataska
valija

bíll
auto

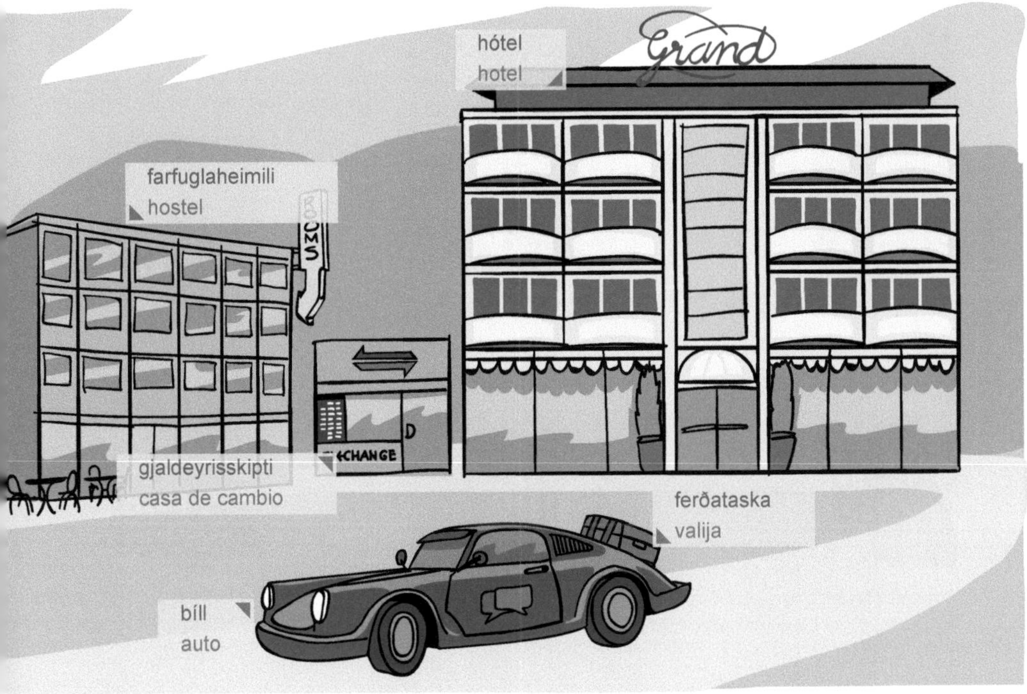

tungumál
idioma

já / nei
sí / no

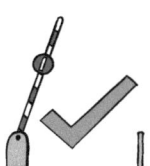

allt í lagi
Está bien

halló
hola

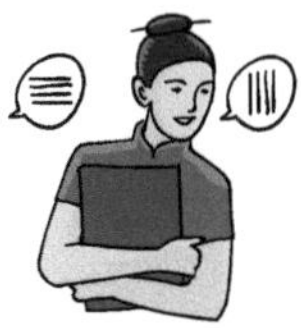

þýðandi
traductor

takk fyrir
Gracias

hvað kostar...?

¿cuánto cuesta...?

Ég skil ekki

No entiendo

vandamál

problema

Gott kvöld!

¡Buenas tardes!

Góðan dag!

¡Buenos días!

Góða nótt!

¡Buenas noches!

bless bless

adiós

átt

dirección

farangur

equipaje

taska

bolso

bakpoki

mochila

gestur

invitado

herbergi

habitación

svefnpoki

bolsa de dormir

tjald

carpa

upplýsingamiðstöð

información turística

strönd

playa

kreditkort

tarjeta de crédito

morgunverður

desayuno

hádegisverður

almuerzo

kvöldmatur

cena

farmiði

pasaje

lyfta

ascensor

frímerki

sello

landamæri

frontera

tollur

aduana

sendiráð

embajada

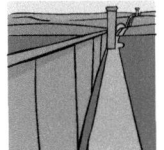

vegabréfsáritun

visa

vegabréf

pasaporte

samgöngur
transporte

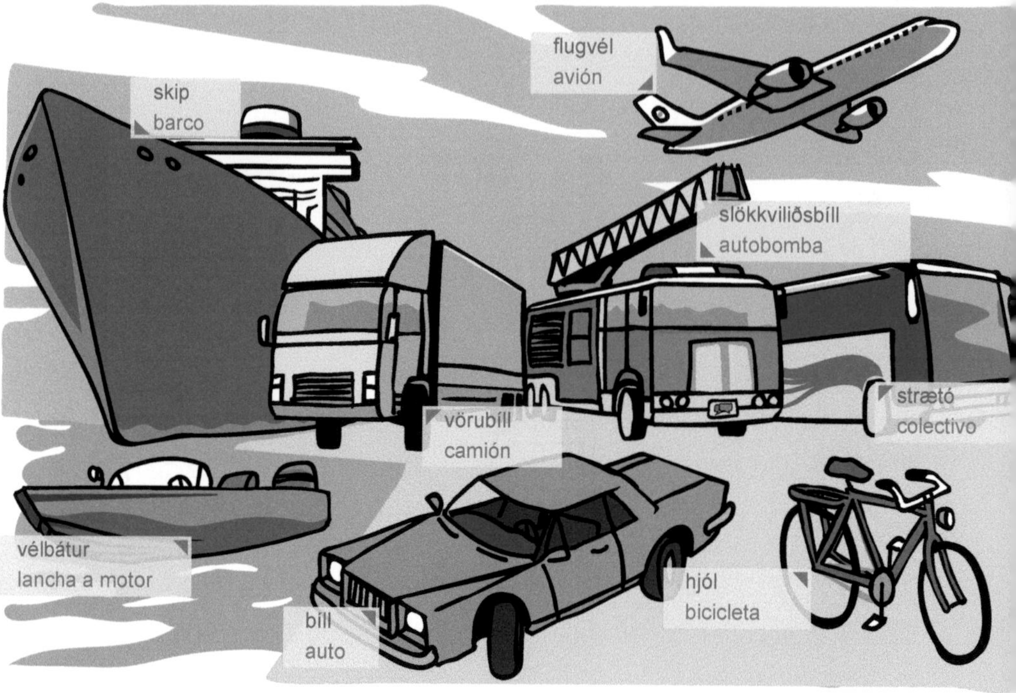
skip
barco
flugvél
avión
slökkviliðsbíll
autobomba
vörubíll
camión
strætó
colectivo
vélbátur
lancha a motor
bíll
auto
hjól
bicicleta

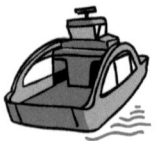

ferja

ferry

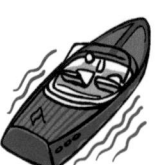

bátur

bote

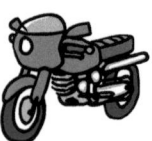

mótorhjól

moto

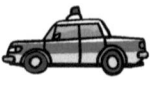

lögreglubíll

patrullero

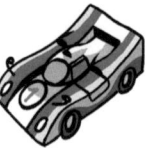

kappakstursbíll

auto de carreras

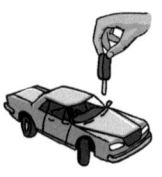

bílaleigubíll

auto de alquiler

bílasamneyti

alquiler de autos

dráttarbíll

grúa

öskubíll

camión de basura

vél

motor

eldsneyti

nafta

bensínstöð

estación de servicio

umferðarskilti

señal de tránsito

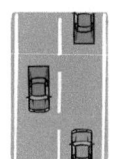

umferð

tránsito

umferðarteppa

embotellamiento

bílastæði

estacionamiento

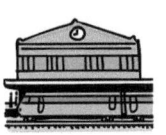

lestarstöð

estación de tren

járnbrautarteinar

vías

lest

tren

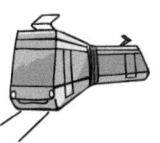

sporvagn

tranvía

vagn

vagón

þyrla

helicóptero

flugvöllur

aeropuerto

turn

torre

farþegi

pasajero

gámur

contenedor

pappakassi

caja de cartón

kerra

carretilla

karfa

canasta

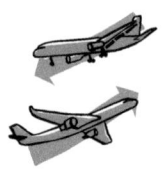

takast á loft / lenda

despegar / aterrizar

borg

ciudad

þorp

pueblo

miðbær

centro de ciudad

hús

casa

10

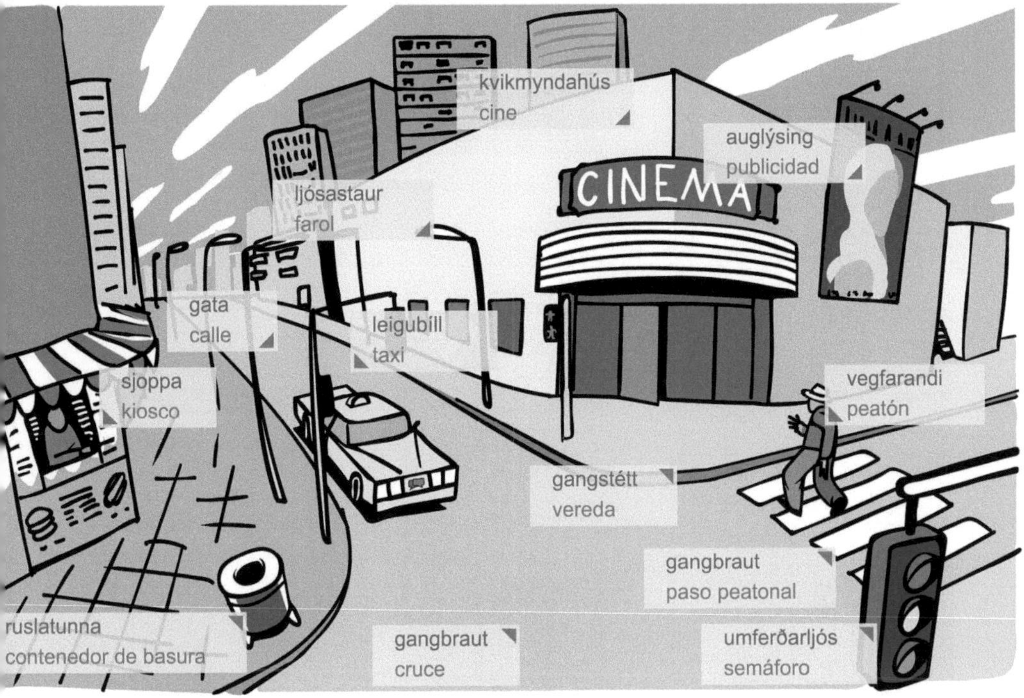

kvikmyndahús
cine
auglýsing
publicidad
CINEMA
ljósastaur
farol
gata
calle
leigubíll
taxi
sjoppa
kiosco
vegfarandi
peatón
gangstétt
vereda
gangbraut
paso peatonal
ruslatunna
contenedor de basura
gangbraut
cruce
umferðarljós
semáforo

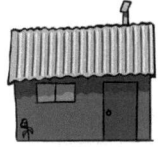

skáli

cabaña

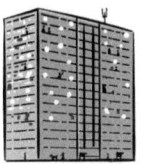

íbúð

departamento

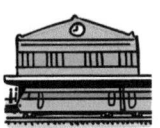

lestarstöð

estación de tren

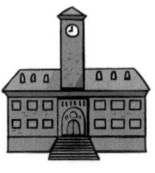

ráðhús

municipalidad

MUSEUM

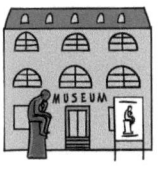

safn

museo

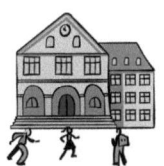

skóli

colegio

háskóli

universidad

banki

banco

sjúkrahús

hospital

hótel

hotel

apótek

farmacia

skrifstofa

oficina

bókabúð

librería

búð

negocio

blómabúð

florería

kjörbúð

supermercado

markaður

mercado

stórmarkaður

grandes tiendas

fiskbúð

pescadería

verslunarmiðstöð

centro comercial

höfn

puerto

almenningsgarður

parque

bekkur

banco

brú

puente

stigi

escaleras

neðanjarðarlest

subte

göng

túnel

biðstöð

parada del colectivo

bar

bar

veitingastaður

restaurante

póstkassi

buzón

götuskilti

letrero

stöðumælir

parquímetro

dýragarður

zoológico

sundlaug

pileta

moska

mezquita

bær

granja

mengun

contaminación

kirkjugarður

cementerio

kirkja

iglesia

leiksvæði

juegos infantiles

musteri

templo

landslag
paisaje

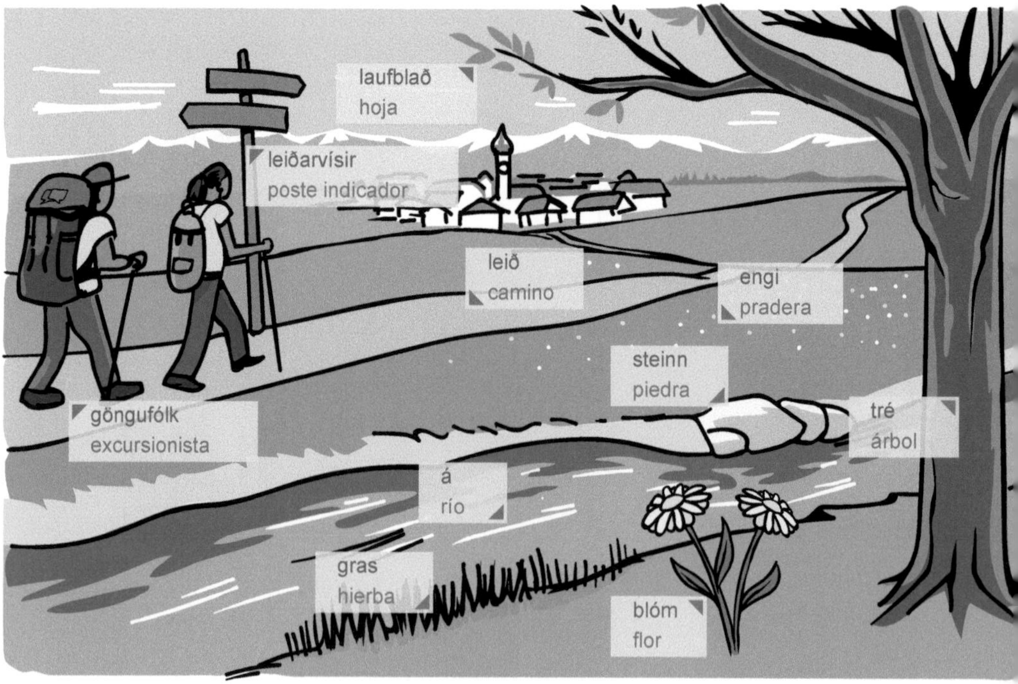

laufblað
hoja

leiðarvísir
poste indicador

leið
camino

engi
pradera

steinn
piedra

göngufólk
excursionista

á
río

tré
árbol

gras
hierba

blóm
flor

dalur
valle

hæð
montaña

stöðuvatn
lago

skógur
bosque

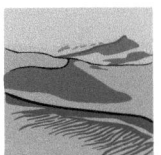

eyðimörk
desierto

eldfjall
volcán

kastali
castillo

regnbogi
arco iris

sveppur
champiñón

pálmatré
palmera

moskítófluga
mosquito

fluga
mosca

maur
hormiga

býfluga
abeja

kónguló
araña

bjalla

escarabajo

froskur

rana

íkorni

ardilla

broddgöltur

erizo

héri

liebre

ugla

lechuza

fugl

pájaro

svanur

cisne

villisvín

jabalí

dádýr

ciervo

elgur

alce

stífla

presa

vindmylla

aerogenerador

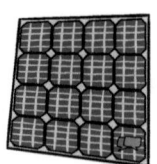

sólarrafhlaða

panel solar

loftslag

clima

veitingastaður
restaurante

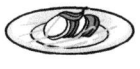

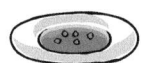

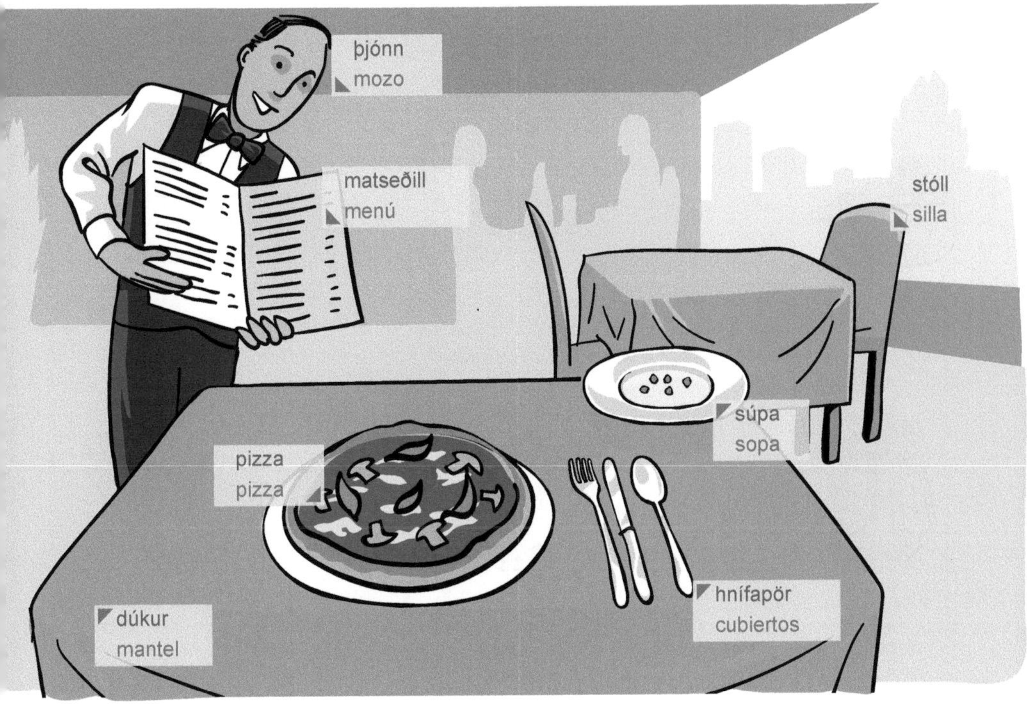

þjónn
mozo
matseðill
menú
stóll
silla
súpa
sopa
pizza
pizza
hnífapör
cubiertos
dúkur
mantel

forréttur

entrada

aðalréttur

plato principal

eftirréttur

postre

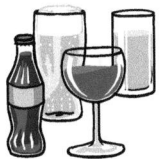

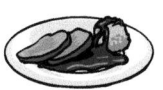

drykkir

bebidas

matur

comida

flaska

botella

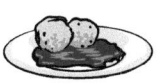

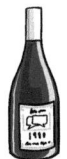

skyndibiti

comida rápida

götumatur

comida callejera

teketill

tetera

sykurskál

azucarera

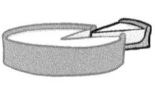

skammtur

porción

espressovél

cafetera expreso

barnastóll

sillita alta

reikningur

cuenta

bakki

bandeja

hnífur

cuchillo

gaffall

tenedor

skeið

cuchara

teskeið

cucharita

servíetta

servilleta

glas

vaso

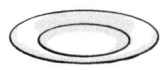

diskur
plato

súpudiskur
plato hondo

undirskál
plato

sósa
salsa

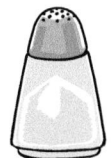

saltstaukur
salero

piparkvörn
molinillo de pimienta

edik
vinagre

olía
aceite

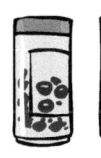 

krydd
especias

tómatsósa
kétchup

sinnep
mostaza

majónes
mayonesa

kjörbúð

supermercado

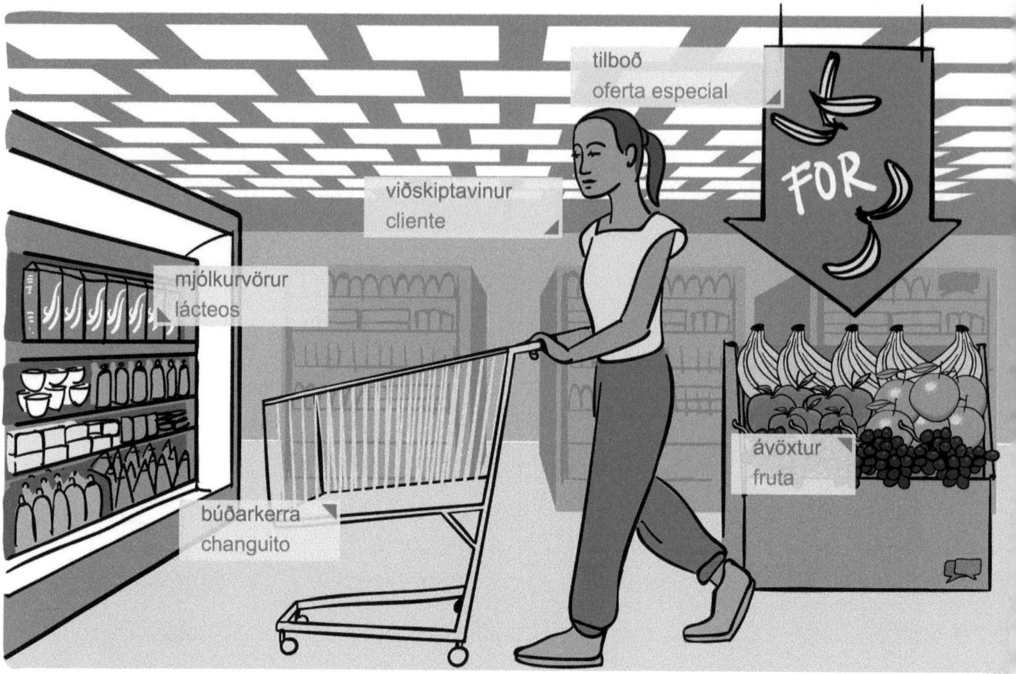

tilboð
oferta especial
FOR
viðskiptavinur
cliente
mjólkurvörur
lácteos
ávöxtur
fruta
búðarkerra
changuito

BUTCHERS

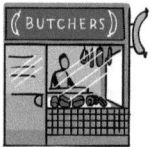

slátrari

carnicería

BAKERY

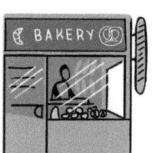

bakarí

panadería

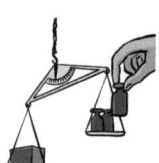

vega

pesar

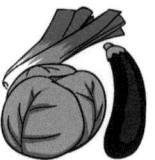

grænmeti

verduras

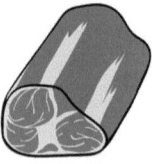

kjöt

carne

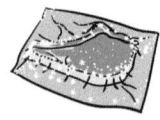

frosinn matur

alimentos congelados

kjötálegg

fiambres

niðursoðinn matur

alimentos enlatados

þvottaefni

detergente en polvo

sælgæti

golosinas

vörur til heimilisnota

electrodomésticos

hreinsiefni

productos de limpieza

afgreiðslukona

vendedora

afgreiðslukassi

caja

gjaldkeri

cajero

innkaupalisti

lista de compras

opnunartímar

horario de atención

veski

billetera

kreditkort

tarjeta de crédito

poki

cartera

plastpoki

bolsa de plástico

kjörbúð - supermercado

vatn

agua

safi

jugo

mjólk

leche

kók

bebida cola

vín

vino

bjór

cerveza

áfengi

alcohol

kakó

cacao

te

té

kaffi

café

espresso

café expreso

kaffi

cappuccino

banani

banana

epli

manzana

appelsínugulur

naranja

melóna

melón

sítróna

limón

gulrót

zanahoria

hvítlaukur

ajo

bambus

bambú

laukur

cebolla

sveppir

champiñón

hnetur

nueces

núðlur

fideos

spagettí	hrísgrjón	salat
tallarines	arroz	ensalada

franskar kartöflur	steiktar kartöflur	pizza
papas fritas	papas fritas	pizza

hamborgari	samloka	snitsel
hamburguesa	sándwich	churrasco

skinka	salami	pylsa
jamón	salame	salchicha

kjúklingur	steik	fiskur
pollo	asado	pescado

haframjöl

copos de avena

múslí

muesli

kornflögur

copos de maíz

hveiti

harina

franskt horn

medialuna

smábrauð

pancito

brauð

pan

ristað brauð

tostada

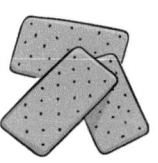

kex

galletitas

smjör

manteca

ystingur

cuajada

kaka

torta

egg

huevo

spælt egg

huevo frito

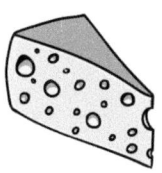

ostur

queso

ís
helado

sykur
azúcar

hunang
miel

sulta
mermelada

súkkulaðiálegg
pasta de chocolate

karrý
curry

matur - comida

bær
granja

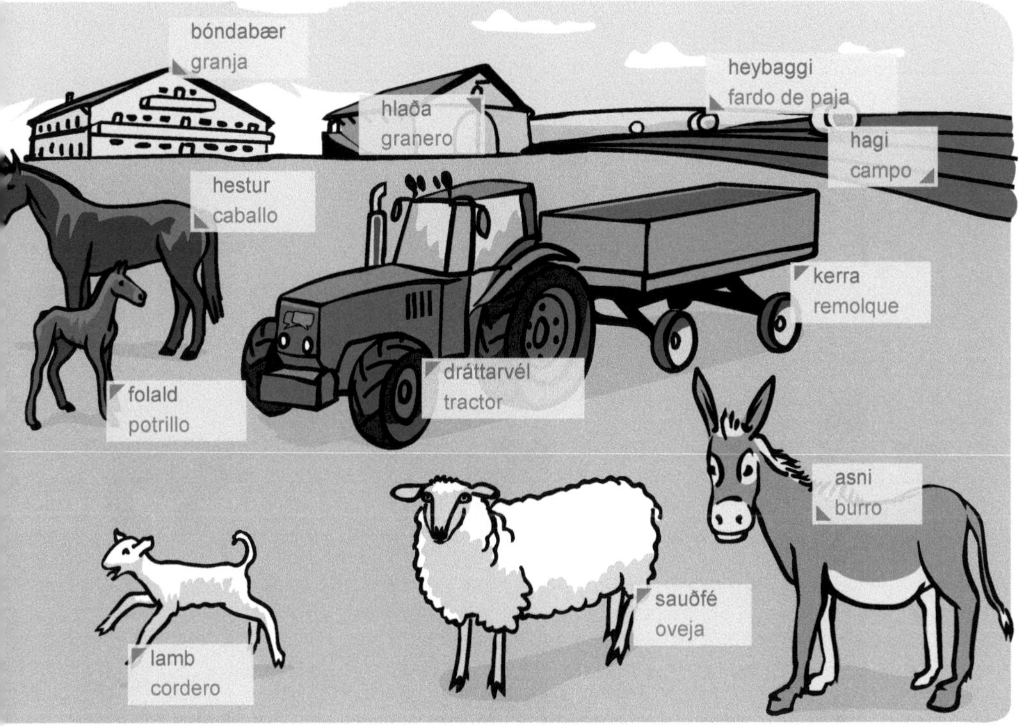
bóndabær
granja
hlaða
granero
heybaggi
fardo de paja
hagi
campo
hestur
caballo
kerra
remolque
dráttarvél
tractor
folald
potrillo
asni
burro
sauðfé
oveja
lamb
cordero

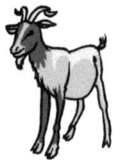

geit

cabra

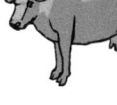

kýr

vaca

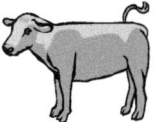

kálfur

ternero

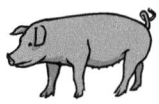

svín

cerdo

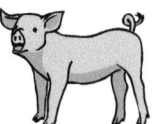

grís

lechón

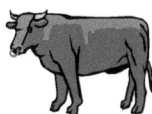

naut

toro

gæs

ganso

önd

pato

ungi

pollo

hæna

gallina

hani

gallo

rotta

rata

köttur

gato

mús

ratón

uxi

buey

hundur

perro

hundakofi

cucha

garðslanga

manguera

garðkanna

regadera

ljár

guadaña

plógur

arado

sigð

hoz

hlújárn

azada

heygaffall

horquilla

öxi

hacha

hjólbörur

carretilla

trog

abrevadero

mjólkurfata

lechera

poki

bolsa

girðing

reja

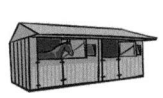

gripahús

establo

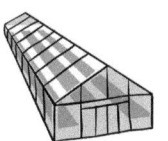

gróðurhús

invernadero

jarðvegur

suelo

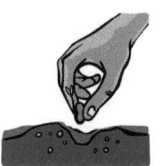

fræ

semilla

áburður

fertilizador

kornskurðarvél

cosechadora

uppskera

cosechar

uppskera

cosecha

kínverskar kartöflur

batatas

hveiti

trigo

soja

soja

kartafla

papa

maís

maíz

repja

semilla de colza

ávaxtatré

árbol frutal

maníókarót

mandioca

korn

cereales

hús
casa

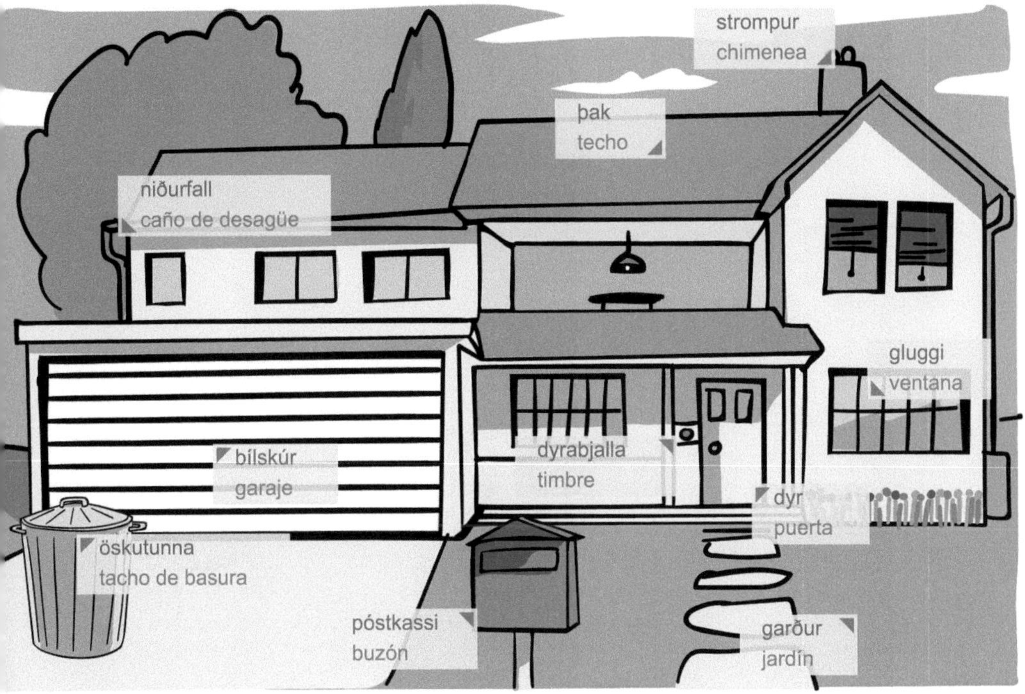

strompur
chimenea
þak
techo
niðurfall
caño de desagüe
gluggi
ventana
bílskúr
garaje
dyrabjalla
timbre
dyr
puerta
öskutunna
tacho de basura
póstkassi
buzón
garður
jardín

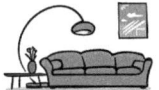

stofa
living

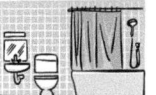

baðherbergi
baño

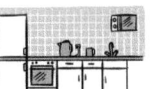

eldhús
cocina

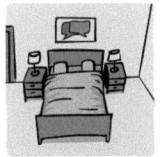

svefnherbergi
dormitorio

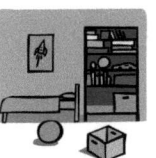

barnaherbergi
cuarto de los chicos

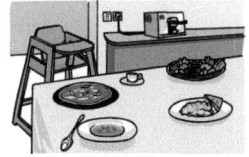

borðstofa
comedor

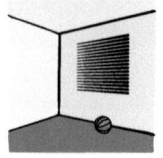

gólf

piso

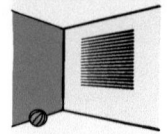

veggur

pared

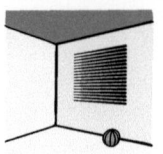

loft

cielorraso

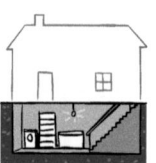

kjallari

sótano

gufubað

sauna

svalir

balcón

verönd

terraza

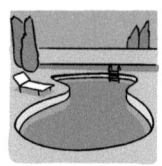

sundlaug

pileta

sláttuvél

cortadora de pasto

lak

sábana

rúmteppi

acolchado

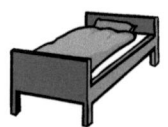

rúm

cama

kústur

escoba

fata

balde

rofi

interruptor

stofa
living

veggfóður
empapelado
ljósmynd
imagen
lampi
lámpara
hilla
estante
skápur
armario
sjónvarp
televisión
arinn
chimenea
blóm
flor
púði
almohadón
sófi
sofá
vasi
florero
fjarstýring
control remoto

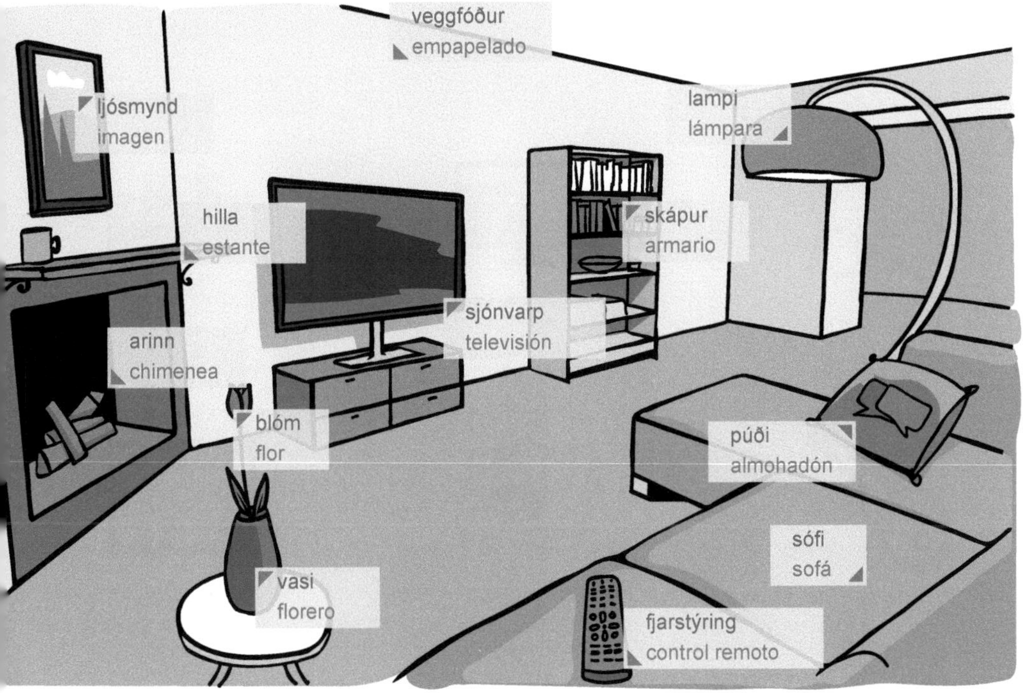

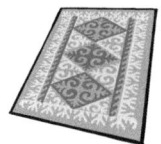

teppi
alfombra

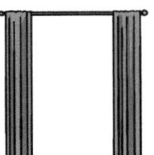

gardínur
cortina

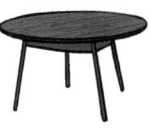

borð
mesa

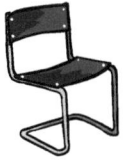

stóll
silla

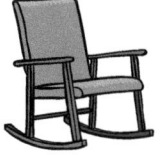

ruggustóll
mecedora

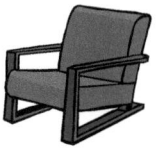

hægindastóll
sillón

bók

libro

sæng

frazada

skraut

decoración

eldiviður

leña

mynd

película

hljómflutningstæki

equipo de música

lykill

llave

dagblað

diario

málverk

pintura

veggspjald

póster

útvarp

radio

minnisbók

cuaderno

ryksuga

aspiradora

kaktus

cactus

kerti

vela

eldhús

cocina

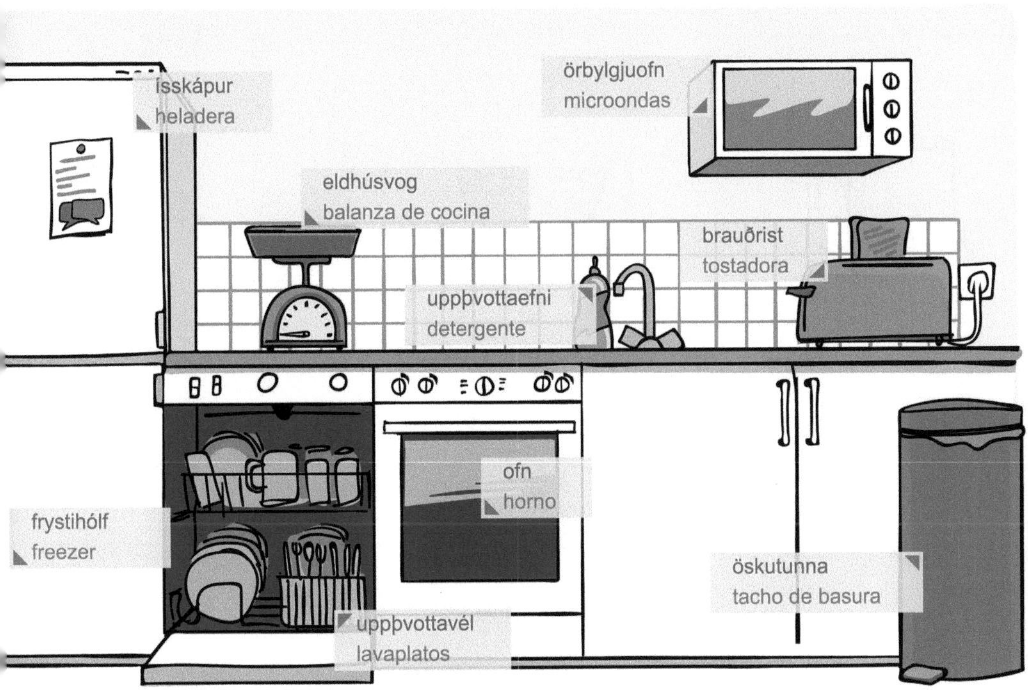

ísskápur
heladera
örbylgjuofn
microondas
eldhúsvog
balanza de cocina
brauðrist
tostadora
uppþvottaefni
detergente
ofn
horno
frystihólf
freezer
öskutunna
tacho de basura
uppþvottavél
lavaplatos

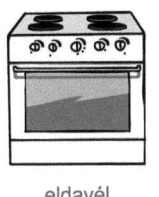

eldavél

cocina

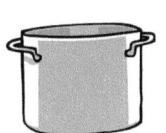

pottur

olla

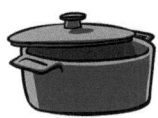

steypujárnspottur

olla de hierro fundido

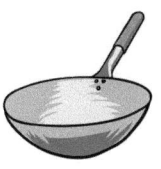

wok/kadai

wok

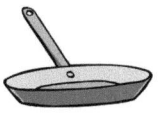

panna

sartén

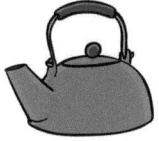

ketill

pava

gufukarfa

vaporera

ofnform

bandeja de horno

leirtau

vajilla

mál

taza

skál

bol

prjónar

palitos

ausa

cucharón

spaði

estpátula

pískur

batidora

sigti

colador

málmsigti

colador

rifjárn

rallador

mortél

mortero

grill

parrilla

opinn eldur

fogata

skurðarbretti

tabla de picar

kökukefli

palo de amasar

tappatogari

sacacorchos

dós

lata

dósaopnari

abrelatas

pottaleppur

manopla

vaskur

pileta

bursti

cepillo

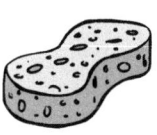

svampur

esponja

blandari

batidora

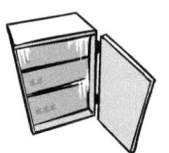

frystir

congelador

peli

mamadera

blöndunartæki

canilla

baðherbergi

baño

upphitun
calefacción
handklæði
toalla
sturta
ducha
sturtuhengi
cortina de ducha
froðubað
baño de espuma
baðkar
bañadera
glas
vaso
þvottavél
lavarropas
blöndunartæki
canilla
flísar
baldosas
barnakoppur
pelela
vaskur
pileta

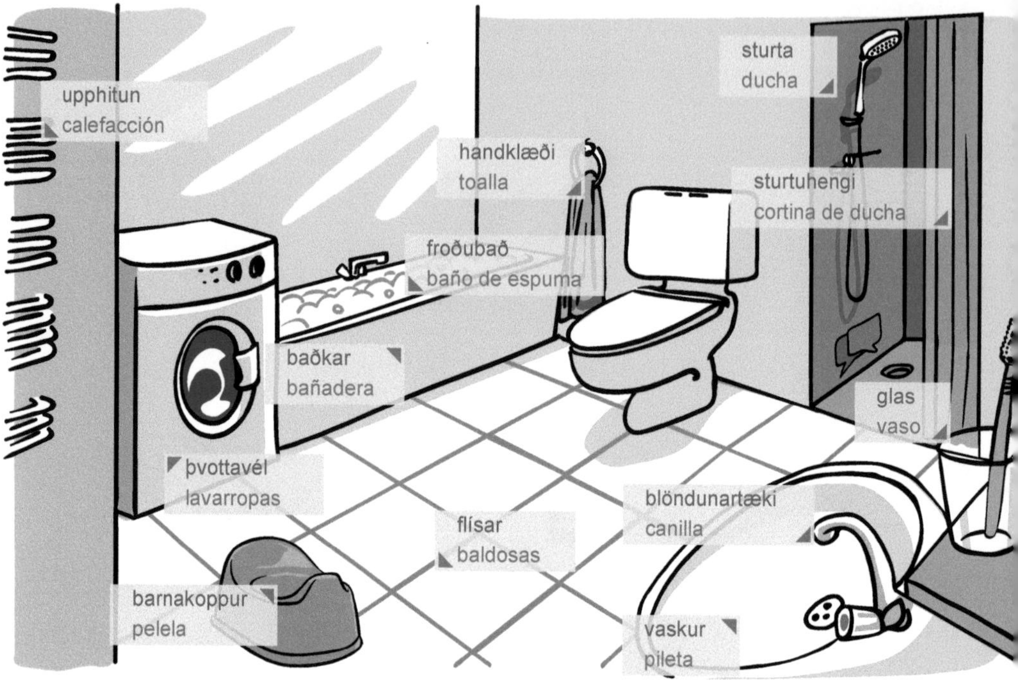

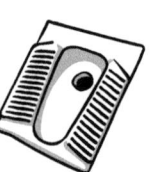

salerni
inodoro

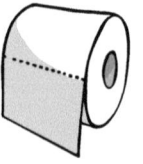

salerni án setu
letrina

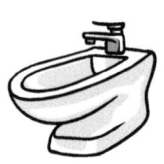

skolskál
bidé

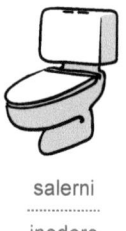

þvagskál
mingitorio

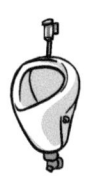

salernispappír
papel higiénico

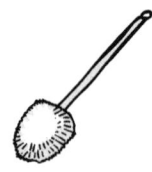

salernisbursti
cepillo para el inodoro

tannbursti

cepillo de dientes

tannkrem

dentífrico

tannþráður

hilo dental

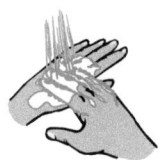

þvo

lavar

handsturta

ducha de mano

salernissturta

ducha higiénica

vaskur

palangana

bakbursti

cepillo para espalda

sápa

jabón

sturtugel

gel de ducha

sjampó

shampoo

flannel

toallita

niðurfall

desagüe

krem

crema

svitalyktareyðir

desodorante

spegill

espejo

handspegill

espejito

rakskafa

maquinita de afeitar

raksápa

espuma de afeitar

rakspíri

aftershave

greiða

peine

bursti

cepillo

hárþurrka

secador de pelo

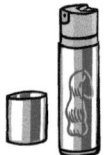

hársprey

spray

farði

maquillaje

varalitur

lápiz de labios

naglalakk

esmalte para uñas

bómull

algodón

naglaklippur

tijera para uñas

ilmvatn

perfume

þvottapoki

portacosméticos

kollur

banqueta

vog

balanza

sloppur

bata

gúmmíhanskar

guantes de goma

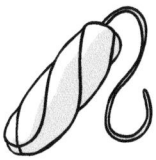

tíðatappi

tampón

dömubindi

toallita femenina

efnasalerni

baño químico

barnaherbergi
cuarto de los chicos

vekjaraklukka
despertador
mjúkt leikfang
peluche
leikfangabíll
coche de juguete
hrista
sonajero
dúkkuhús
casa de muñecas
gjöf
regalo

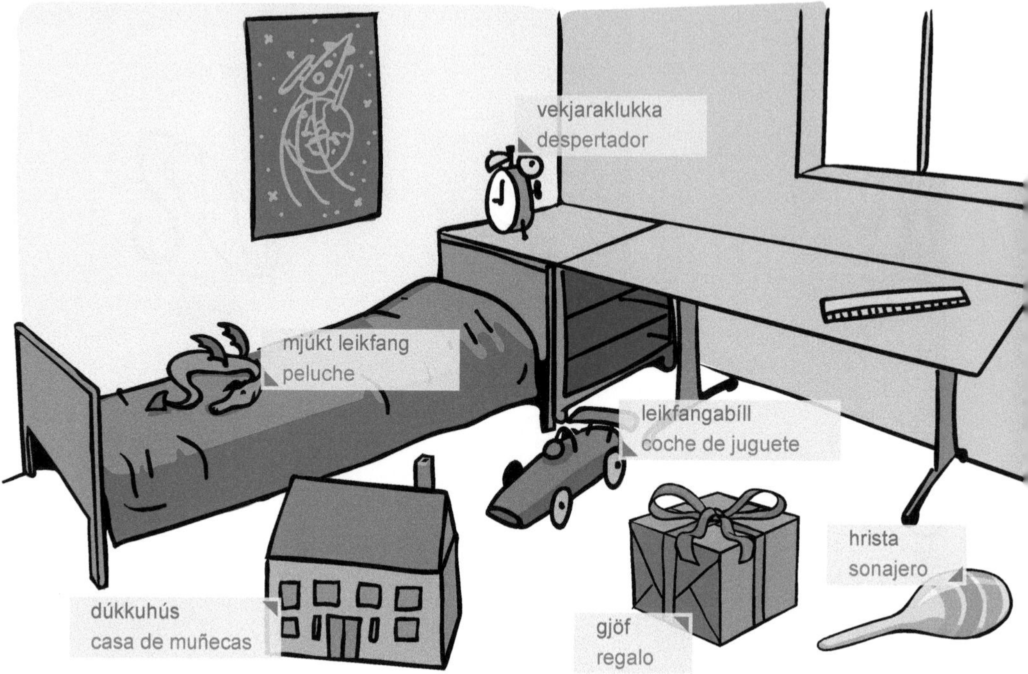

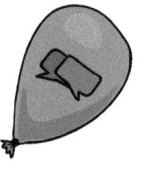

blaðra

globo

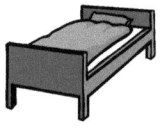

rúm

cama

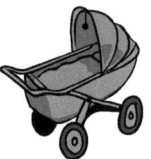

barnavagn

cochecito

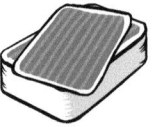

spilastokkur

cartas

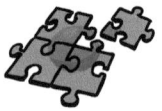

púsluspil

rompecabezas

SUPER
MEGA

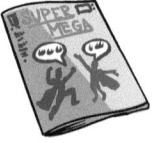

myndasaga

historieta

legókubbar

piezas de lego

leikfangakubbar

ladrillos de juguete

leikfangakall

figura de acción

samfestingur

enterito (de bebé)

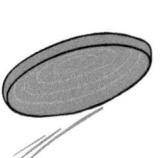

Frisbídiskur

frisbee

órói

móvil para bebés

spilaborð

juego de mesa

teningar

dados

lestarlíkan

tren eléctrico

snuð

chupete

veisla

fiesta

myndabók

libro de cuentos ilustrado

bolti

pelota

brúða

muñeca

spila

jugar

sandkassi

arenero

sveifla

hamaca

leikföng

juguetes

leikjatölva

consola de videojuegos

þríhjól

triciclo

bangsi

osito de peluche

fataskápur

armario

sokkar

medias

kvensokkabuxur

medias panty

sokkabuxur

calzas

trefill
bufanda

belti
cinturón

regnhlíf
paraguas

stuttermabolur
remera

strigaskór
zapatillas

skór
botas

inniskór
pantuflas

sandalar	skór	gúmmístígvél
sandalias	zapatos	botas de goma
nærbuxur	brjóstahaldari	vesti
ropa interior	corpiño	chaleco

samfella

body

buxur

pantalones

gallabuxur

jeans

pils

pollera

blússa

blusa

skyrta

camisa

peysa

pulóver

hettupeysa

buzo

jakki

blazer

jakki

campera

frakki

tapado

regnfrakki

piloto

dragt

traje

kjóll

vestido

brúðarkjóll

vestido de novia

jakkaföt

traje

náttkjóll

camisón

náttföt

pijama

Sari

sari

höfuðslæða

pañuelo para cabeza

túrban

turbante

búrka

burka

kaftan

caftán

abaya

abaya

sundföt

traje de baño

sundbuxur

short de baño

stuttbuxur

shorts

íþróttagalli

jogging

svunta

delantal

hanskar

guantes

hnappur

botón

gleraugu

anteojos

armband

pulsera

hálsmen

collar

hringur

anillo

eyrnalokkur

aro

húfa

gorra

herðatré

percha

hattur

sombrero

bindi

corbata

rennilás

cierre

hjálmur

casco

axlabönd

tiradores

skólabúningur

uniforme escolar

einkennisbúningur

uniforme

smekkur

babero

snuð

chupete

bleyja

pañal

skrifstofa
oficina

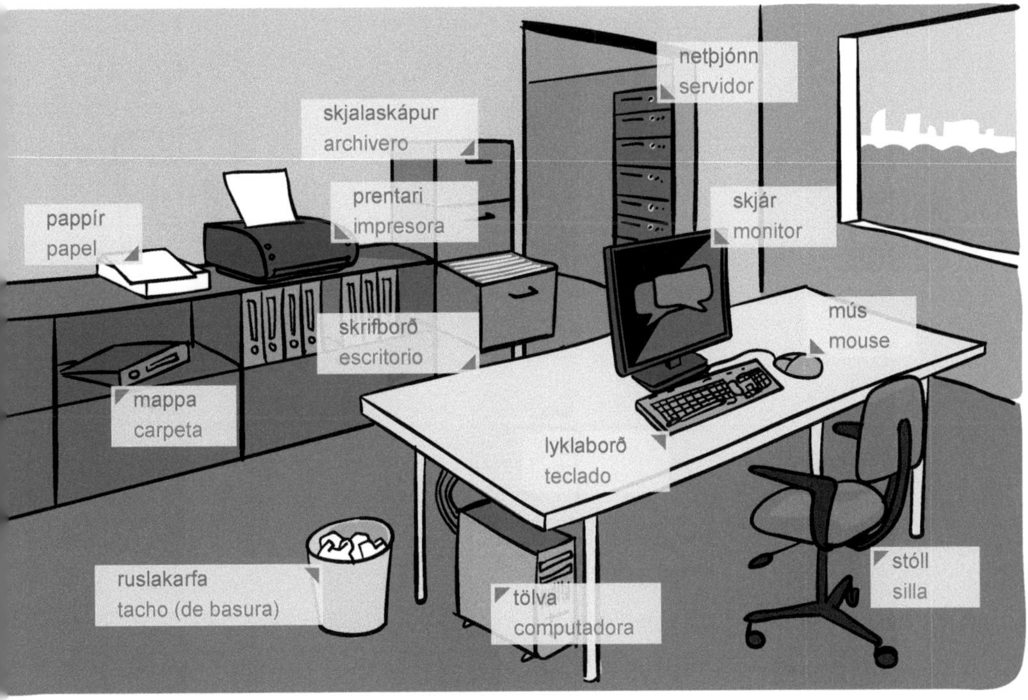

netþjónn
servidor

skjalaskápur
archivero

prentari
impresora

skjár
monitor

pappír
papel

skrifborð
escritorio

mús
mouse

mappa
carpeta

lyklaborð
teclado

ruslakarfa
tacho (de basura)

stóll
silla

tölva
computadora

kaffibolli

taza de café

reiknivél

calculadora

internet

internet

fartölva	bréf	skilaboð
laptop	carta	mensaje

farsími	net	ljósritunarvél
celular	red	fotocopiadora

hugbúnaður	sími	innstunga
software	teléfono	tomacorriente
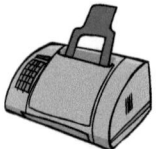	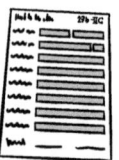	
faxtæki	eyðublað	skjal
fax	formulario	documento

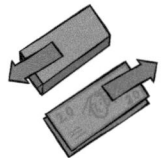

kaupa

comprar

borga

pagar

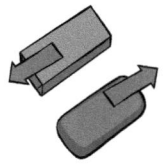

versla

hacer negocios

peningar

dinero

dollari

dólar

evra

euro

jen

yen

rúbla

rublo

svissneskur franki

franco suizo

renminbi yuan

yuan

rúpíur

rupia

hraðbanki

cajero automático

gjaldeyrisskipti

casa de cambio

gull

oro

silfur

plata

olía

petróleo

orka

energía

verð

precio

samningur

contrato

skattur

impuesto

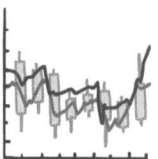

hlutabréf

acción

vinna

trabajar

starfsmaður

empleado

vinnuveitandi

empleador

verksmiðja

fábrica

búð

negocio

starfsgreinar
ocupaciones

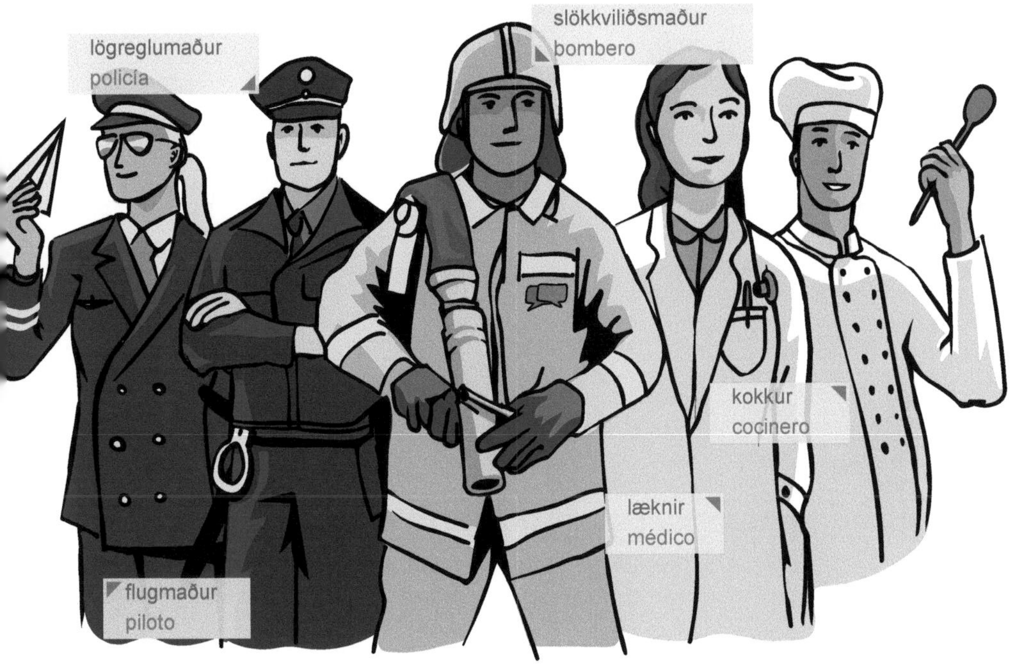
slökkviliðsmaður
bombero
lögreglumaður
policía
kokkur
cocinero
læknir
médico
flugmaður
piloto

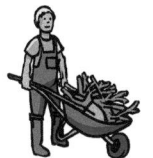

garðyrkjumaður

jardinero

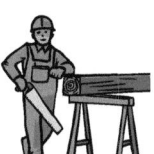

smiður

carpintero

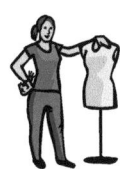

saumakona

modista

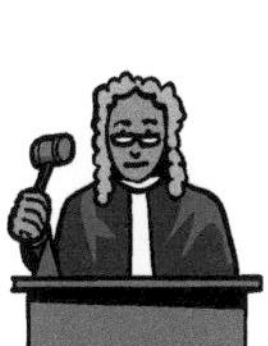

dómari

juez

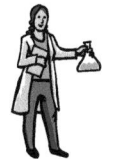

lyfjafræðingur

farmacéutico

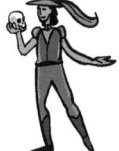

leikari

actor

strætóbílstjóri

colectivero

leigubílstjóri

taxista

sjómaður

pescador

ræstitæknir

mucama

þaksmiður

techista

þjónn

mozo

veiðimaður

cazador

málari

pintor

bakari

panadero

rafvirki

electricista

byggingaverkamaður

albañil

verkfræðingur

ingeniero

slátrari

carnicero

pípari

plomero

póstmaður

cartero

hermaður

soldado

arkitekt

arquitecto

gjaldkeri

cajero

blómasali

florista

hárgreiðslumaður

peluquero

lestarstjóri

cobrador

vélvirki

mecánico

skipstjóri

capitán

tannlæknir

dentista

vísindamaður

científico

rabbíi

rabino

Imam

imán

munkur

monje

prestur

sacerdote

verkfæri
herramientas

hamar
martillo
tangir
tenaza
skrúfjárn
destornillador
skiptilykill
llave
logsuðutæki
linterna

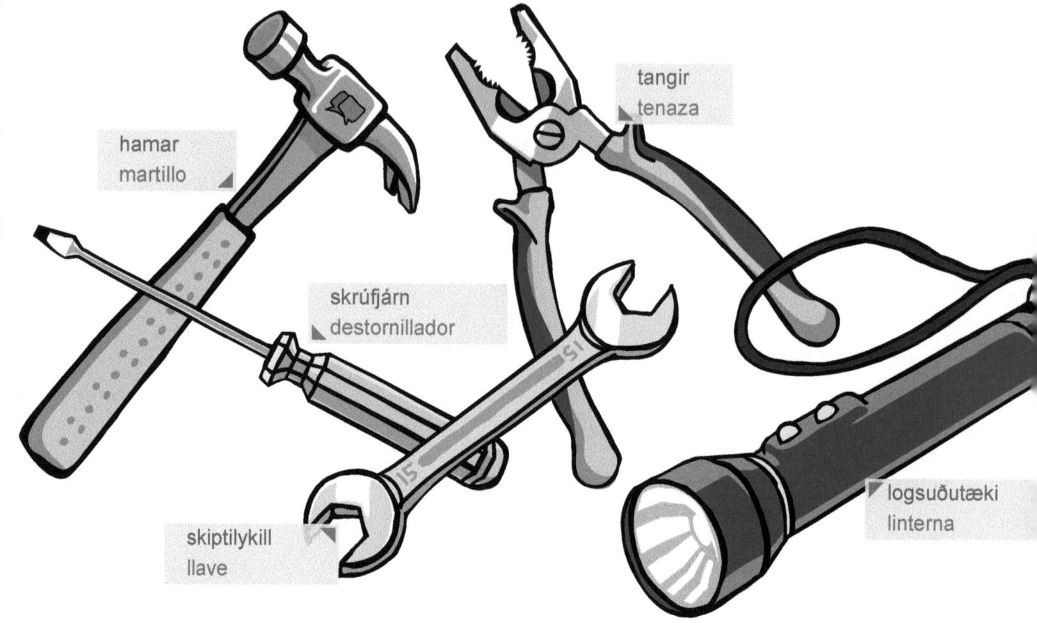

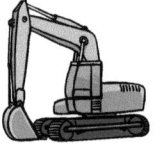

grafa

excavadora

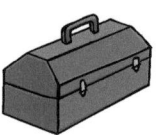

verkfærataska

caja de herramientas

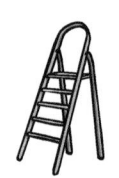

stigi

escalera portátil

sög

sierra

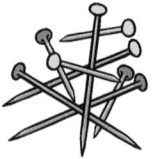

naglar

clavos

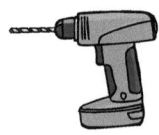

bor

taladro

gera við
....
arreglar

skófla
....
pala de jardín

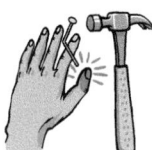

Fjandinn!
....
¡Qué bronca!

fægiskófla
....
pala de plástico

málningarfata
....
tacho de pintura

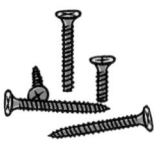

skrúfur
....
tornillos

hljóðfæri
instrumentos musicales

trommusett
batería

hátalari
parlante

gítar
guitarra

kontrabassi
contrabajo

trompet
trompeta

píanó

piano

fiðla

violín

bassi

bajo

pákur

timbales

trommur

tambor

hljómborð

teclado

saxófónn

saxofón

flauta

flauta

hljóðnemi

micrófono

dýragarður
zoológico

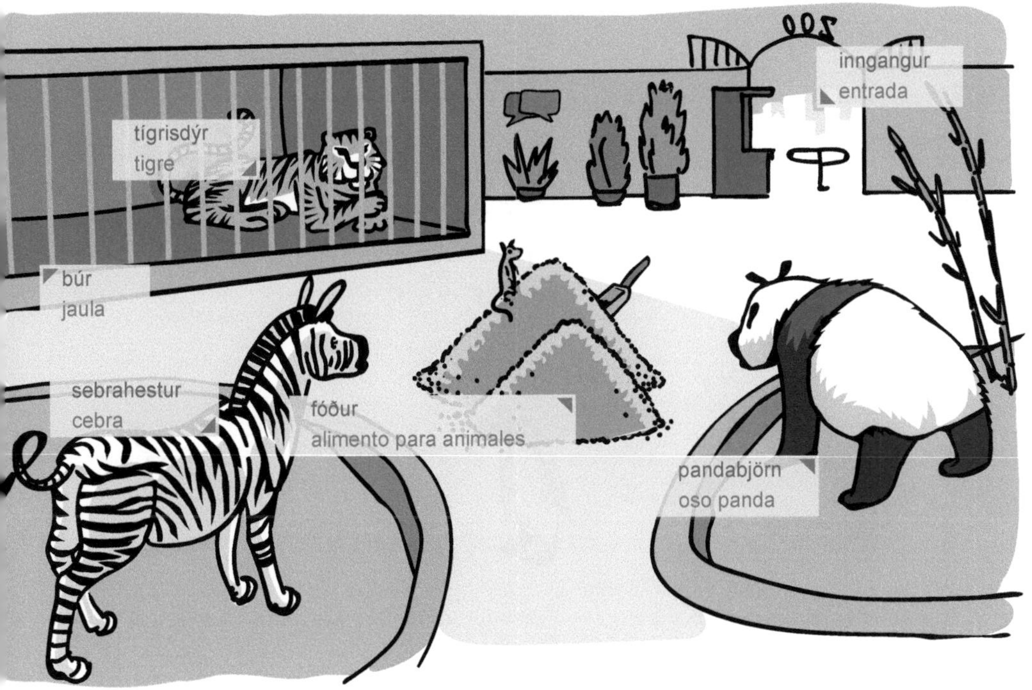

inngangur
entrada
tígrisdýr
tigre
búr
jaula
sebrahestur
cebra
fóður
alimento para animales
pandabjörn
oso panda

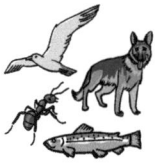

dýr

animales

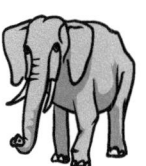

fíll

elefante

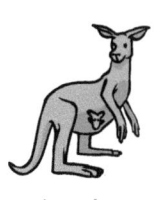

kengúra

canguro

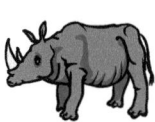

nashyrningur

rinoceronte

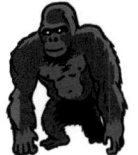

górilla

gorila

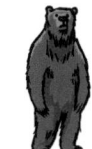

skógarbjörn

oso

úlfaldi

camello

strútur

avestruz

ljón

león

api

mono

flamingó

flamenco

páfagaukur

loro

ísbjörn

oso polar

mörgæs

pingüino

hákarl

tiburón

páfugl

pavo real

snákur

serpiente

krókódíll

cocodrilo

dýragarðsvörður

cuidador del zoológico

selur

foca

jagúar

jaguar

hestur
poni

hlébarði
leopardo

flóðhestur
hipopótamo

gíraffi
jirafa

örn
águila

villisvín
jabalí

fiskur
pescado

skjaldbaka
tortuga

rostungur
morsa

refur
zorro

gasella
gacela

dýragarður - zoológico

61

Amerískur fótbolti
fútbol americano

hjólreiðar
ciclismo

tennis
tenis

körfubolti
básquet

sund
natación

hnefaleikar
boxeo

íshokkí
hockey sobre hielo

fótbolti
fútbol

hnit
bádminton

frjálsar íþróttir
atletismo

handbolti
handball

skíði
esquí

póló
polo

athafnir
actividades

hoppa
saltar
faðma
abrazar
hlæja
reír
ganga
caminar
syngja
cantar
dreyma
soñar
biðja
rezar
kyssa
besar

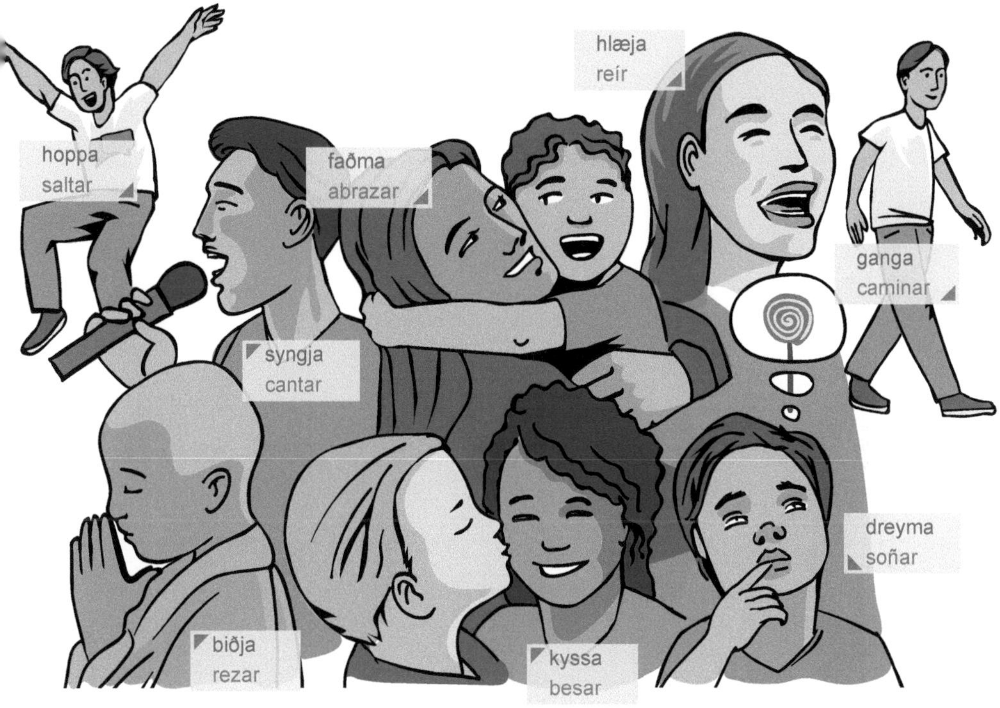

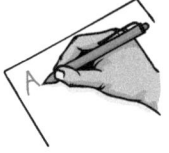

skrifa
escribir

teikna
dibujar

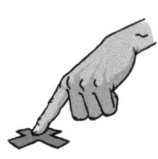

sýna
mostrar

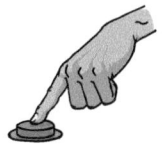

ýta
presionar

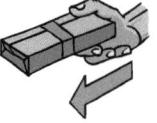

gefa
dar

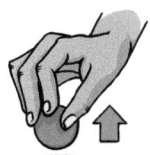

taka
tomar

hafa
tener

gera
hacer

vera
ser

standa
estar parado

hlaupa
correr

draga
tirar

kasta
tirar

detta
caer

ljúga
estar acostado

bíða
esperar

bera
llevar

sitja
estar sentado

klæða sig
vestirse

sofa
dormir

vakna
despertar

líta á

mirar

gráta

llorar

strjúka

acariciar

greiða

peinar

tala

hablar

skilja

entender

spyrja

preguntar

hlusta

escuchar

drekka

beber

borða

comer

taka til

ordenar

elska

amar

elda

cocinar

keyra

manejar

fljúga

volar

sigla

navegar

reikna

calcular

lesa

leer

læra

aprender

vinna

trabajar

giftast

casarse

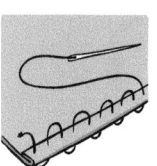

sauma

coser

bursta tennur

cepillarse los dientes

drepa

matar

reykja

fumar

senda

enviar

fjölskylda
familia

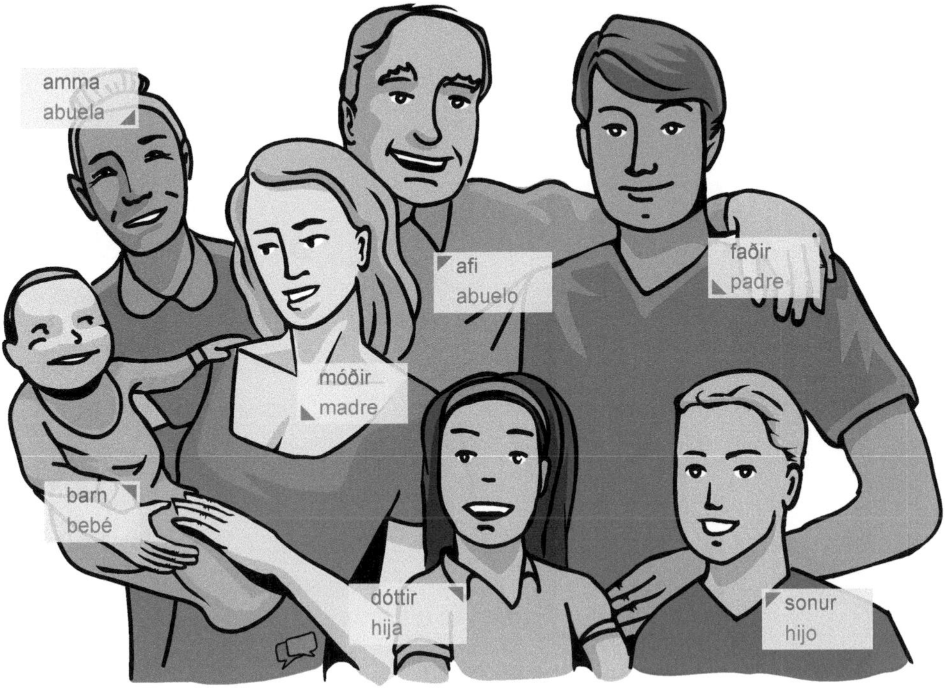
amma
abuela
afi
abuelo
faðir
padre
móðir
madre
barn
bebé
dóttir
hija
sonur
hijo

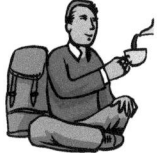

gestur

invitado

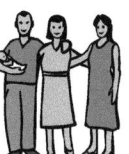

frænka

tía

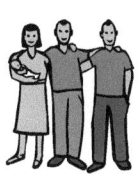

frændi

tío

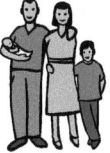

bróðir

hermano

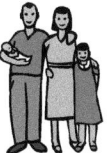

systir

hermana

líkami

cuerpo

enni
frente
auga
ojo
öxl
hombro
fingur
dedo
andlit
cara
haka
pera
hönd
mano
fótleggur
pierna
brjóst
pecho
handleggur
brazo

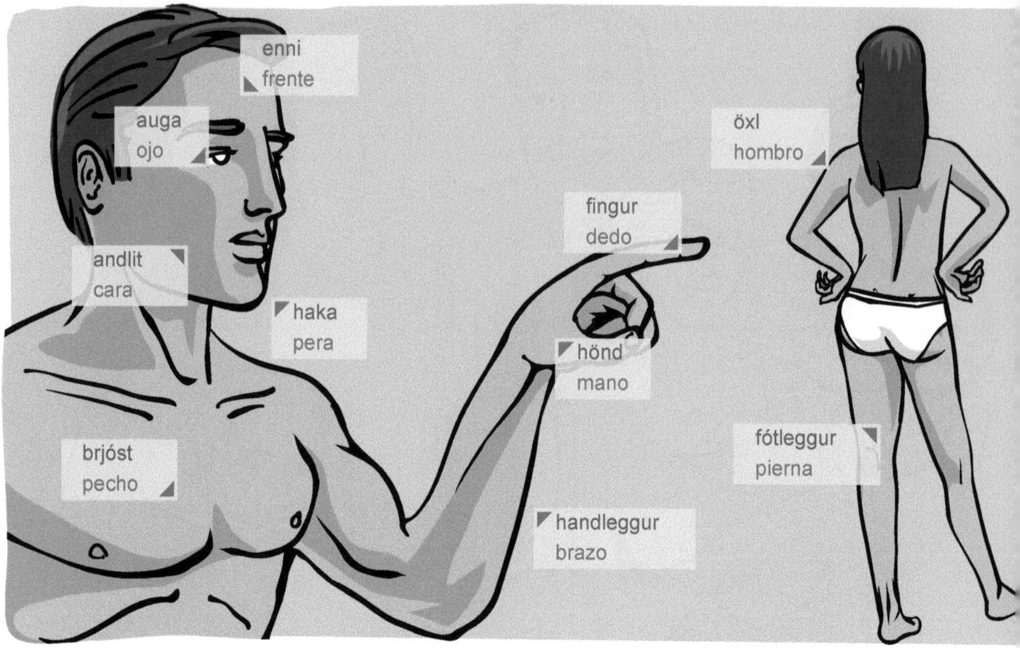

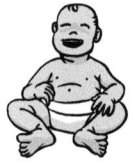

barn

bebé

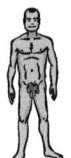

maður

hombre

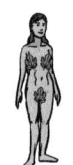

kona

mujer

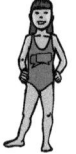

stúlka

nena

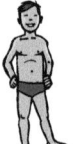

drengur

nene

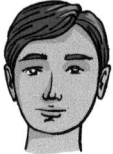

höfuð

cabeza

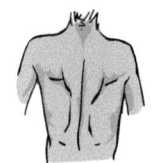

bak

espalda

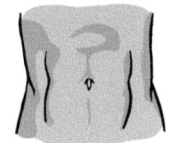

kviður

panza

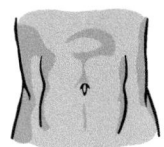

nafli

ombligo

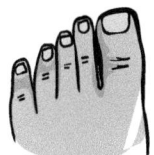

tá

dedo del pie

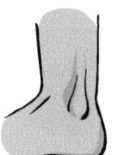

hæll

talón

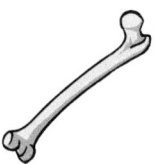

bein

hueso

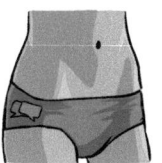

mjöðm

cadera

hné

rodilla

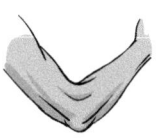

olnbogi

codo

nef

nariz

rass

cola

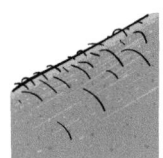

húð

piel

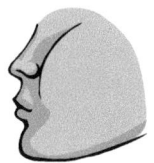

kinn

cachete

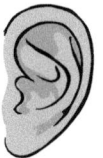

eyra

oreja

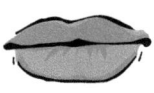

vör

labio

líkami - cuerpo

munnur

boca

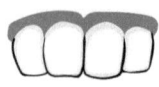

tönn

diente

tunga

lengua

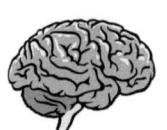

heili

cerebro

hjarta

corazón

vöðvi

músculo

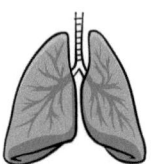

lunga

pulmón

lifur

hígado

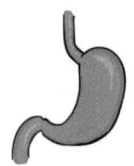

magi

estómago

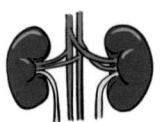

nýru

riñones

kynmök

sexo

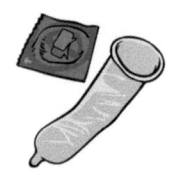

smokkur

preservativo

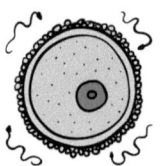

eggfruma

óvulo

sæði

semen

ólétta

embarazo

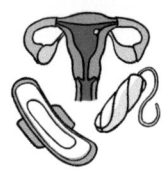

tíðir

menstruación

leggöng

vagina

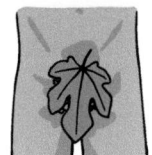

typpi

pene

augabrún

ceja

hár

pelo

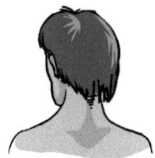

háls

cuello

sjúkrahús

hospital

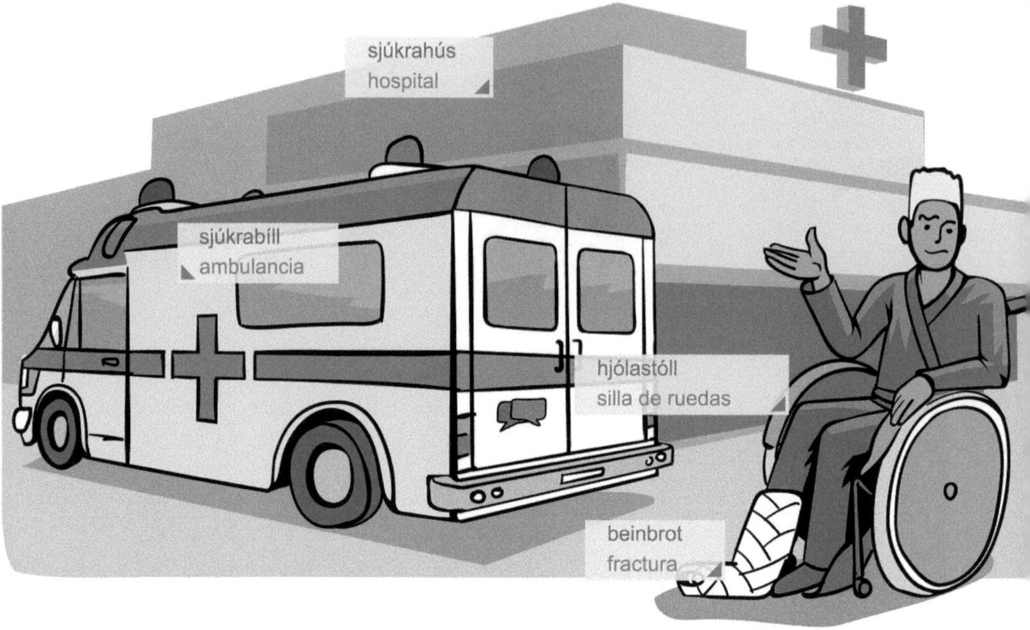

sjúkrahús
hospital
sjúkrabíll
ambulancia
hjólastóll
silla de ruedas
beinbrot
fractura

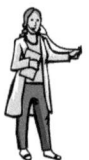

læknir

médico

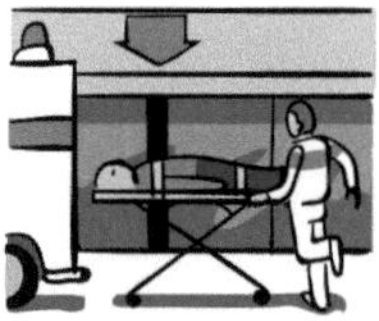

bráðamóttaka

sala de guardia

hjúkrunarfræðingur

enfermera

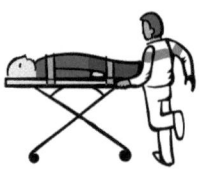

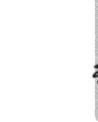

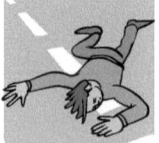

neyðartilvik

emergencia

meðvitundarlaus

inconsciente

verkir

dolor

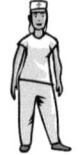

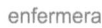

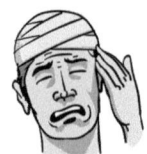

meiðsli

lesión

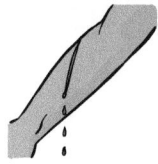

blæðing

hemorragia

hjartaáfall

infarto

heilablóðfall

ACV

ofnæmi

alergia

hósti

tos

hiti

fiebre

flensa

gripe

niðurgangur

diarrea

höfuðverkur

dolor de cabeza

krabbamein

cáncer

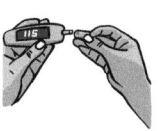

sykursýki

diabetes

skurðlæknir

cirujano

skurðhnífur

bisturí

aðgerð

operación

sneiðmyndataka

TC

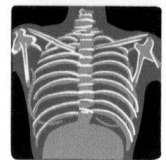

röntgengeisli

rayos x

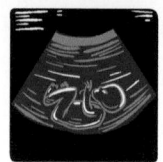

ómskoðun

ecografía

andlitsgríma

barbijo

sjúkdómur

enfermedad

biðstofa

sala de espera

hækja

muleta

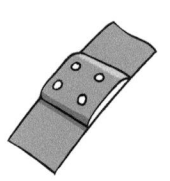

gifs

curita

sáraumbúðir

venda

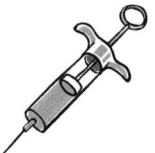

sprauta

inyección

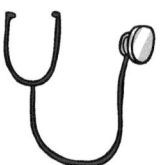

hlustunarpípa

estetoscopio

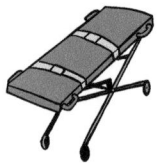

börur

camilla

líkamshitamælir

termómetro

fæðing

nacimiento

yfirvigt

sobrepeso

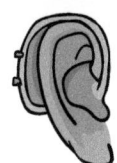

heyrnartæki
audífono

sótthreinsiefni
desinfectante

sýking
infección

veira
virus

HIV / AIDS
VIH / SIDA

lyf
remedio

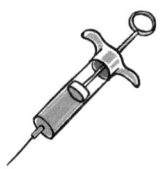

bólusetning
vacunación

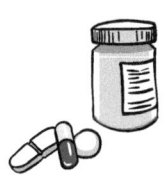

töflur
comprimidos

pilla
pastilla anticonceptiva

neyðarsímtal
llamada de emergencia

blóðþrýstingsmælir
tensiómetro

lasinn / heilbrigður
enfermo / sano

Hjálp!

¡Ayuda!

viðvörun

alarma

líkamsárás

agresión

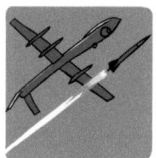

árás

ataque

hætta

peligro

neyðarútgangur

salida de emergencia

Eldur!

¡Fuego!

slökkvitæki

matafuego

slys

accidente

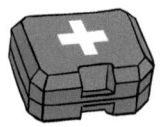

skyndihjálparbúnaður

botiquín de primeros auxilios

SOS

SOS

lögregla

policía

Evrópa
Europa

Norður-Ameríka
América del Norte

Suður-Ameríka
América del Sur

Afríka
África

Asía
Asia

Ástralía
Australia

Atlantshaf
Atlántico

Kyrrahaf
Pacífico

Indlandshaf
Océano Índico

Suður-Íshaf
Océano Antártico

Norður-Íshaf
Océano Ártico

Norðurpóll
polo norte

Suðurpóll
....
polo sur

Suðurskautslandið
....
Antártida

Jörð
....
Tierra

land
....
tierra

sjór
....
mar

eyja
....
isla

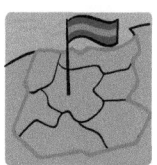

þjóð
....
nación

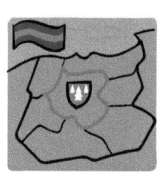

ríki
....
estado

klukkuskífa

esfera

litli vísir

manecilla de las horas

stóri vísir

minutero

sekúnduvísir

segundero

Hvað er klukkan?

¿Qué hora es?

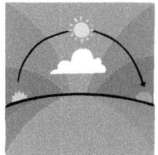

dagur

día

tími

hora

nú

ahora

tölvuúr

reloj digital

mínúta

minuto

klukkustund

hora

vika
semana

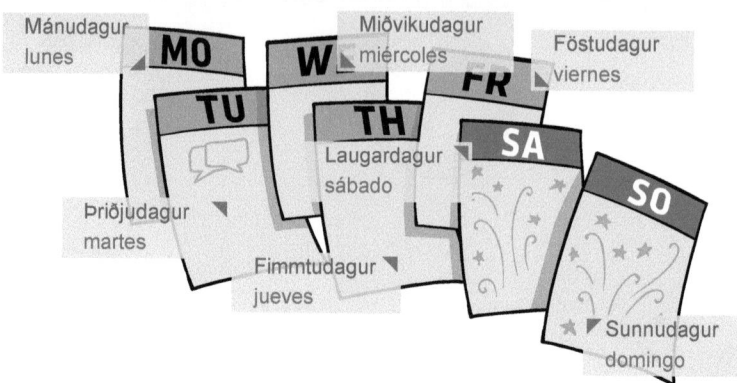

Mánudagur / lunes — MO
Miðvikudagur / miércoles — W
Föstudagur / viernes — FR
TU
TH
Laugardagur / sábado — SA
Þriðjudagur / martes
Fimmtudagur / jueves
SO
Sunnudagur / domingo

í gær
ayer

í dag
hoy

á morgun
mañana

morgunn
mañana

hádegi
mediodía

kvöld
tarde

virkir dagar
días hábiles

helgi
fin de semana

ár
año

regnbogi
arco iris
rigning
lluvia
snjór
nieve
vindur
viento
vor
primavera
haust
otoño
sumar
verano
vetur
invierno

4.APRIL 11°
5.APRIL 4°
6.APRIL 13°
7.APRIL 8°
8.APRIL 10°

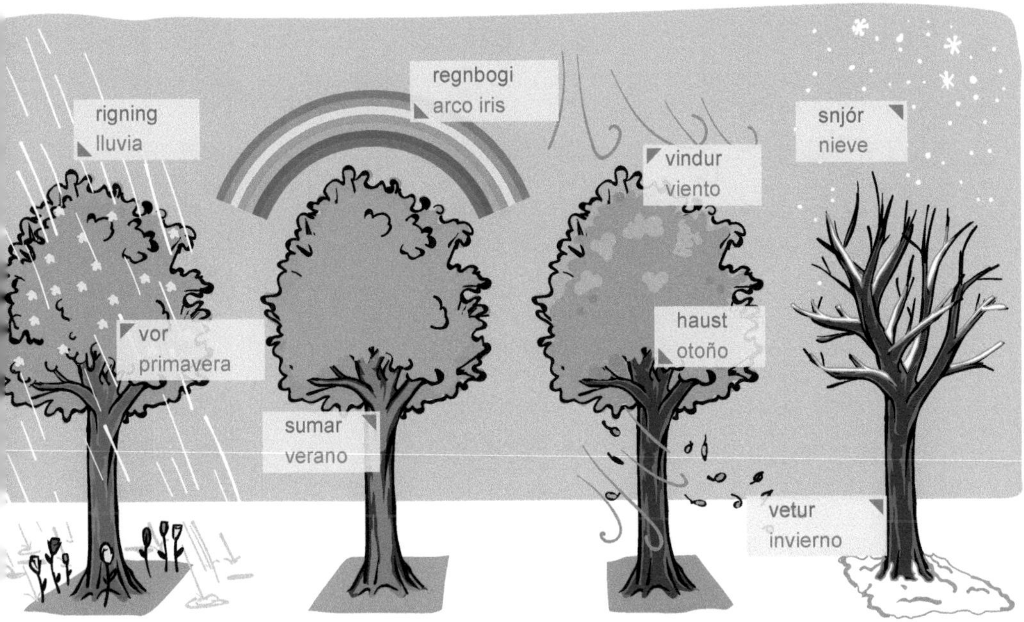

veðurspá

pronóstico meteorológico

F C
120 40
90 30
60 20
30 10
0 0
-30 -10
-20

hitamælir

termómetro

sólskin

luz del sol

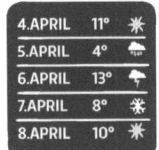

ský

nube

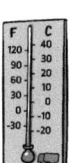

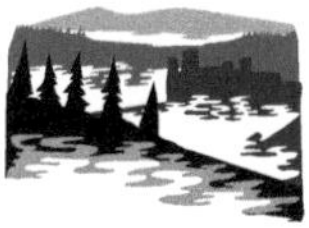

þoka

niebla

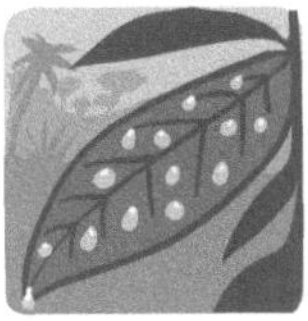

raki

humedad

eldingar

rayo

þrumuveður

trueno

stormur

tormenta

haglél

granizo

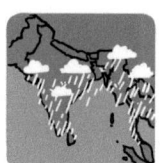

monsún

monzón

flóð

inundación

ís

hielo

Janúar

enero

Febrúar

febrero

Mars

marzo

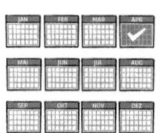

Apríl

abril

Maí

mayo

Júní

junio

Júlí

julio

Ágúst

agosto

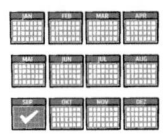

September
....
septiembre

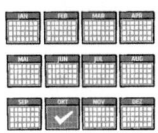

Október
....
octubre

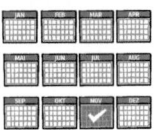

Nóvember
....
noviembre

Desember
....
diciembre

form
formas

hringur
....
círculo

ferningur
....
cuadrado

rétthyrningur
....
rectángulo

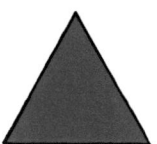

þríhyrningur
....
triángulo

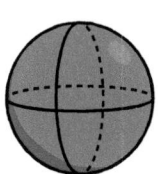

kúla
....
esfera

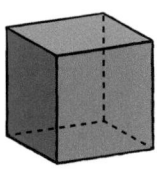

teningur
....
cubo

hvítur
blanco

gulur
amarillo

appelsínugulur
naranja

bleikur
rosa

rauður
rojo

fjólublár
violeta

blár
azul

grænn
verde

brúnn
marrón

grár
gris

svartur
negro

mikið / lítið

mucho / poco

reiður / rólegur

enojado / tranquilo

fallegur / ljótur

lindo / feo

upphaf / endir

principio / fin

stór / lítill

grande / chico

bjartur / dimmur

claro / oscuro

bróðir / systir

hermano / hermana

hreinn / óhreinn

limpio / sucio

heill / ófullnægjandi

completo / incompleto

dagur / nótt

día / noche

dauður / lifandi

muerto / vivo

breiður / mjór

ancho / angosto

ætur / óætur

comestible / no comestible

vondur / góður

malo / amable

spenntur / leiður

entusiasmado / aburrido

feitur / mjór

gordo / flaco

fyrstur / síðastur

primero / último

vinur / óvinur

amigo / enemigo

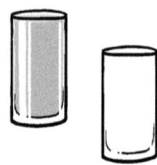

fullur / tómur

lleno / vacío

harður / mjúkur

duro / blando

þungur / léttur

pesado / liviano

svangur / þyrstur

hambre / sed

lasinn / heilbrigður

enfermo / sano

ólöglegur / löglegur

ilegal / legal

greindur / heimskur

inteligente / estúpido

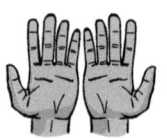

vinstri / hægri

izquierda / derecha

nálægur / fjarlægur

cerca / lejos

nýr / notaður

nuevo / usado

ekkert / eitthvað

nada / algo

gamall / ungur

viejo / joven

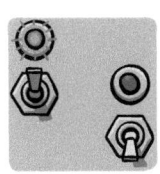

kveikt / slökkt

encendido / apagado

opna / loka

abierto / cerrado

Lágvær / hávær

silencioso / ruidoso

ríkur / fátækur

rico / pobre

rétt / rangt

correcto / incorrecto

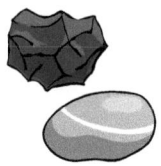

grófur / sléttur

áspero / suave

orgbitinn / hamingjusamur

triste / contento

stutt / lengi

corto / largo

hægt / hratt

lento / rápido

blautur / þurr

mojado / seco

heitur / kaldur

caliente / frío

stríð / friður

guerra / paz

0	**1**	**2**
núll	einn	tveir
cero	uno	dos

3	**4**	**5**
þrír	fjórir	fimm
tres	cuatro	cinco

6	**7**	**8**
sex	sjö	átta
seis	siete	ocho

9	**10**	**11**
níu	tíu	ellefu
nueve	diez	once

12	**13**	**14**
tólf	þrettán	fjórtán
doce	trece	catorce

15	**16**	**17**
fimmtán	sextán	sautján
quince	dieciséis	diecisiete

18	**19**	**20**
átján	nítján	tuttugu
dieciocho	diecinueve	veinte

100	**1.000**	**1.000.000**
hundrað	þúsund	milljón
cien	mil	millón

Enska

inglés

Amerísk enska

inglés americano

Mandarin-kínverska

chino mandarín

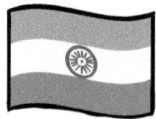

Hindí

hindi

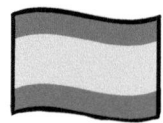

Spænska

español

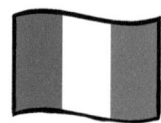

Franska

francés

Arabíska

árabe

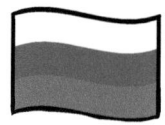

Rússneska

ruso

Portúgalska

portugués

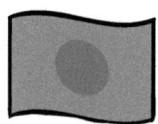

Bengali

bengalí

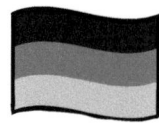

Þýska

alemán

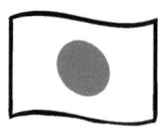

Japanska

japonés

ég

yo

þú

vos

hann / hún / það

él / ella

við

nosotros

þú

ustedes

þeir

ellos

hver?

¿quién?

hvað?

¿qué?

hvernig?

¿cómo?

hvar?

¿dónde?

hvenær?

¿cuándo?

nafn

nombre

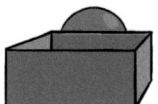

bakvið
....
detrás

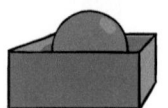

í
....
en

fyrir framan
....
adelante de

yfir
....
por encima de

á
....
sobre

undir
....
debajo de

við hliðina
....
al lado de

milli
....
entre

sæti
....
lugar